PNL

-Psicología Oscura-

Los métodos secretos de la programación neurolingüística para dominar e influenciar sobre cualquier persona y conseguir lo que quieres

pnl - Psicología Oscura

© Copyright 2020 por R.J. Anderson - Todos los derechos reservados.

El siguiente libro se reproduce con el objetivo de proporcionar información lo más precisa y fiable posible. Independientemente de ello, la compra de este Libro puede ser vista como un consentimiento al hecho de que tanto el editor como el autor de este libro no son de ninguna manera expertos en los temas tratados en él, y que cualquier recomendación o sugerencia hecha aquí es sólo para fines de entretenimiento. Los profesionales deben ser consultados según sea necesario antes de llevar a cabo cualquiera de las acciones respaldadas aquí.

Esta declaración es considerada justa y válida tanto por la Asociación Americana de Abogados como por el Comité de la Asociación de Editores y es legalmente vinculante en todo el territorio de los Estados Unidos.

Además, la transmisión, duplicación o reproducción de cualquiera de las siguientes obras, incluida la información precisa, se considerará un acto ilegal, independientemente de que se realice electrónicamente o en forma impresa. La legalidad se extiende a la creación de una copia secundaria o terciaria de la obra o una copia registrada y sólo se permite con el consentimiento expreso y por escrito del Editor. Se reservan todos los derechos adicionales.

La información que figura en las siguientes páginas se considera en general una exposición veraz y precisa de los hechos y, como tal, toda falta de atención, utilización o uso indebido de la información en cuestión por parte del lector hará que las acciones resultantes queden exclusivamente bajo su competencia. No hay ningún escenario en el que el editor o el autor original de esta obra pueda ser considerado de alguna manera responsable de cualquier dificultad o daño que pueda ocurrirles después de emprender la información aquí descrita.

Además, la información que se encuentra en las siguientes páginas tiene fines exclusivamente informativos y, por lo tanto, debe considerarse universal. Como corresponde a su naturaleza, la información presentada no garantiza su validez continua ni su calidad provisional. Las marcas comerciales que se mencionan se realizan sin consentimiento escrito y no pueden considerarse en modo alguno como una aprobación del titular de la marca.

R.J. Anderson

Índice

Introducción..1

Capítulo 1: Los antecedentes de la psicología de la oscuridad..2

Capítulo 2: El primer paso: comprender a la gente.. 7

Capítulo 3: Psicoanalizar a las personas 13

Capítulo 4: Conocer tu posición................................19

Capítulo 5: Una posición favorable - Salir Adelante 23

Capítulo 6: El poder de las palabras - Fundamentos lingüísticos de la manipulación 27

Capítulo 7: Lenguaje y Psicología - Palabras para hacer que las personas se muevan............................51

Capítulo 8: Comprensión de los puntos de rupture 57

Capítulo 9: El arte de la mentira............................... 59

Capítulo 10: "Me veo a mí mismo en ti" - La importancia de la identificación 66

Capítulo 11: Navegando la Psique - Prediciendo reacciones..70

Capítulo 12: Qué hacer si te descubren - Recuperar el favor 74

Conclusión 80

¡Gracias! 81

Introducción

Felicitaciones por la compra de *PNL* y gracias por haberlo hecho.

En los siguientes capítulos se discutirá cómo usar la programación neurolingüística y las técnicas de psicología oscura para manipular a la gente y obtener todo lo que quieras de ellos. Esta es una información muy rica que he acumulado durante toda mi vida. No puedo decirte cómo deberías usarla. Sólo puedo decir que, si se usa apropiadamente e inteligentemente, estas son las herramientas que puedes usar para adelantarte a todos los demás. Usa esta información con precaución, porque son secretos muy reales de la psique humana, y pueden ser fácilmente usados para manipular a la gente.

Hay muchos libros sobre este tema en el mercado, así que gracias de nuevo por elegir este. Se ha hecho todo lo posible para asegurar que esté lleno de tanta información útil como sea posible, ¡por favor disfrútalo!

Capítulo 1: Los antecedentes de la psicología de la oscuridad

Este libro explora la programación neurolingüística, que es una de las principales facetas de la psicología oscura.

Es un secreto bien guardado que la capacidad de manipular a la gente es una herramienta útil. Es una de las razones por las que los hombres de negocios y los políticos consiguen y mantienen sus posiciones. Llega un cierto punto en tu vida en el que apagar completamente tus emociones y ser pragmático es una habilidad que necesitas tener. A nadie le gusta discutirlo porque tenemos este miedo social de la realidad de que la gente puede ser vista sólo como un medio para un fin.

El difunto Steve Jobs era particularmente reconocido por su habilidad para trabajar las emociones de la gente y para decir cuan bien les haría al cambiar de opinión. Era tan fuerte, de hecho, que la gente a su alrededor desarrolló su propio término para ello: el "campo de distorsión de la realidad", una frase acuñada a partir de un fenómeno similar en el universo de Star Trek.

Hay numerosas instancias históricas en las que Steve Jobs aprovechó su habilidad única para obtener precisamente lo que quería. Una de esas instancias fue cuando Jobs, en los años 80, estaba tratando de que el CEO de Pepsi, John Sculley, viniera a Apple. Este intercambio dio lugar a una famosa línea que muchos conocen hoy en día: "¿Quieres vender agua azucarada por el resto de tu vida, o quieres venir conmigo y cambiar el mundo?"

Hay mucho que se puede decir acerca de su habilidad específica para encantar y manipular a la gente, y no menos importante fue su profunda comprensión de lo que la gente quería, así como lo que la gente quería oír. Añade a esto una comprensión de la intimidación sutil, señales de poder, y una gran cantidad de pasión y carisma, y tienes una fuente de poder que podía conseguir casi todo lo que quería.

¿Cómo se aplica todo esto a ti? Bueno, estás leyendo esto porque quieres aprender a trabajar con la gente de dentro hacia fuera. Quieres saber cómo decir las cosas en modo correcto para conseguir lo que necesitas y cómo manipular a la gente de tal manera que puedas pasar por alto cualquier obstáculo, para que hagan exactamente lo que tú quieres. Si ese es el caso, entonces has venido al lugar correcto.

El hecho es que la mente es una cosa relativamente simple. Mientras que el cerebro es infinitamente complejo, las manifestaciones de la mente consciente son a la vez resueltas y fáciles de trabajar. La mayoría de la gente trabaja de manera muy obvia y predecible, de tal manera que si son una persona "normal", se puede averiguar fácilmente la mejor manera de trabajar con ellos en poco tiempo.

El propósito de este libro es analizar todos estos patrones dentro del contexto de la gente en general para que puedas aprender la mejor manera de poner estas tendencias en uso. Algunas personas, por supuesto, romperán estos moldes "estándar", y por esta razón hay un par de capítulos dedicados a la idea de conocer a la persona con la que estás trabajando, leyendo su lenguaje corporal interno y externo y las claves mentales, y sabiendo cómo construir un paradigma con el que puedas manipularlo fácilmente.

Al final, este libro trata sobre el uso del concepto de programación neuro-lingüística en su totalidad para obtener lo que quieres de la gente. Un término más común para esto es "manipulación". Sin embargo, el objetivo de la programación neuro-lingüística es ligeramente diferente. La programación neuro-lingüística está más enfocada en el cambio de actitudes a largo plazo donde la manipulación se basa más en ganancias inmediatas. Eso no quiere decir que la programación neuro-lingüística no sea una forma de manipulación, al contrario, absolutamente lo es.

Cuando escuches el término "manipulación", probablemente tendrás algún tipo de reacción instintiva como: "Espera, ¿no está mal la manipulación?" Y a esta pregunta, no hay una respuesta simple.

Aunque tengo que decir que no. La manipulación no está mal, la manipulación es simplemente una herramienta. La forma en que se usa puede determinar si está mal o no. Por ejemplo, un ejemplo de que la manipulación está objetivamente mal es hacer algo que hace que alguien se sienta terriblemente herido. También hay algunas reglas tácitas que nunca debes romper. Por ejemplo, aunque es bastante fácil aprovecharse del hecho de que el padre de alguien se está muriendo, *hacerlo* traspasa una gran área ética gris.

Si te aferras a mantener un enfoque ético, entonces la manipulación se demuestra como un método para entender a la gente y saber cómo trabajar con ellos para que las cosas te salgan mejor. Incluso puedes usar la manipulación para buenos propósitos. Un ejemplo de ello es Steve Jobs una vez más, quien usó su campo de distorsión de la realidad para buenas causas, como cuando convencía a sus empleados de que era posible hacer algo que era más o menos imposible, lo que a su vez, los hacía trabajar más duro por el resultado final y eventualmente llevaba a una nueva marca en la tecnología.

Al final, es tu elección cómo usar las herramientas descritas en este libro.

Capítulo 2: El primer paso: comprender a la gente

El primer paso crítico para hacer que las emociones de la gente trabajen para ti es construir su comprensión de la gente y por qué trabajan y reaccionan de la manera en que lo hacen. Es difícil consolidar toda una vida de notar estos patrones en un simple libro, pero hay muchas categorías amplias que podemos cubrir.

Todos tienen cosas diferentes que los hacen ser como son. En realidad, todo el mundo es sólo la culminación de su conjunto único de experiencias que eventualmente trae consigo el desarrollo de una imagen más grande y cohesiva de un todo para la persona. Debido a esto, a menudo hay una gran cantidad de caminos que se pueden seguir para conocer mejor a alguien, como persona, en el nivel más básico.

Es en este punto en el que realmente necesito que lleves a casa la importancia de saber estar atento. La verdad es que muchas de las cosas en este libro requieren una comprensión muy pesada de cómo leer las sutilezas de la gente. Esta es una habilidad que necesitarás construir si quieres ser bueno en la programación neuro-lingüística. La gente se ve bastante fuerte. Si no puedes leer estas sutilezas, entonces posublemente te perderás.

La gente a menudo tiene algunos rasgos diferentes que puedes usar para entenderlos. Cosas como su lenguaje corporal, su situación de vida y sus emociones. Todo esto tiene un impacto en los demás. En los siguientes capítulos, desglosaremos todos estos aspectos para ayudarte a entender exactamente en qué posición estás.

El lenguaje corporal es un gran indicio de lo que pasa por la cabeza de una persona. Entiende que en términos de programación neuro-lingüística, el lenguaje corporal es un lenguaje en sí mismo.

Vamos a ampliar este concepto un poco para que podamos entender cómo podemos leer y procesar las emociones de otras personas.

Esto es en realidad una parte muy crítica de la programación neuro-lingüística, y una de las cosas que lo hace un gran desafío. Hacerlo correctamente no es como abrir una cerradura. No hay un camino "correcto" para hacerlo bien. Es una actividad muy dinámica, que está fuertemente centrada en tu habilidad para entender lo que la otra persona está pensando de una manera muy concreta.

Debes comprender que una persona tiene muchas indicaciones físicas, pero eso no es el fin de todo lo que está pasando en su mente. Algunas personas son tan buenas ocultando sus emociones que no puedes saber realmente lo que está pasando bajo el capó, a menos que las conozcas muy bien.

A menudo, la gente tiene dos emociones que corren en paralelo. Éstas pueden ser difíciles de descifrar, pero en general, tienen la emoción en primer plano - esto es lo que se muestran a sí mismos al momento de sentir - y tienen su emoción en segundo plano, que es lo que están sintiendo bajo el capó.

Algunas personas son peores que otras a la hora de ocultar sus emociones mientras que otras no hacen ningún esfuerzo. Hay ocasiones, también, en las que estas emociones pueden ir en conjunto y son exactamente iguales.

La verdad es, sin embargo, que si estás tratando de convencer a alguien de algo, siempre tienes que considerar la posibilidad de que la gente no sienta a menudo lo que se proyecta que siente. Normalmente, tienes que considerar cuáles podrían ser estas emociones paralelas.

Nos centraremos más en las emociones subyacentes cuando lleguemos al capítulo del psicoanálisis. Sin embargo, por ahora, sólo necesitamos enfocarnos principalmente en la lectura de las emociones en la superficie.

La gente transmite muchas de sus emociones a través de su lenguaje corporal, así como a través de su tono de voz y su elección de palabras.

Si prestas atención a los ojos de una persona, puedes leer mucho en la emoción en primer plano de esa persona. Mientras que, con suerte, si eres lo suficientemente competente emocionalmente como para leer las emociones en primer plano relativamente bien, ten en cuenta que algunas de ellas pueden ser difíciles de separar. Por ejemplo, mientras que la diferencia entre la molestia y la ira son leves en términos de su despliegue físico, tienen connotaciones emocionales muy diferentes. La molestia es mucho más corta y menos severa, aunque tal vez más inmediata. La ira es más melancólica y es más difícil de superar.

Su tono de voz también te dirá mucho. A menudo, cuando la gente no es completamente honesta acerca de la emoción que presenta, su voz sonará un poco apagada. Ser capaz de reconocer esto y usar las pistas del contexto para averiguar qué es lo que realmente les molesta o pasa por su cabeza es muy importante.

A veces su elección de palabras también te dará pistas. Presta atención y trata de notar si sus oraciones están estructuradas de manera diferente. ¿Son más cortas? ¿Su elección de palabras es más seria de lo habitual?

En esencia, presta atención al lenguaje corporal de una persona, ya que te dirá mucho sobre lo que necesita saber en cuanto a lo que está sintiendo, al menos a nivel superficial. Cuando combinas eso con tu análisis de sus condiciones subyacentes, obtienes una información muy potente con la que puedes trabajar.

Capítulo 3: Psicoanalizar a las personas

En este capítulo, vamos a ampliar nuestro conocimiento de las emociones en primer plano que hemos cubierto en el último capítulo y hablaremos de profundizar en la psique de una persona para averiguar sus emociones de fondo.

Esto puede ser difícil en sí mismo porque la gente no siempre es consciente de que está experimentando emociones de fondo. Tratar de entrar en ellas puede ser difícil en ese caso. En una situación así, hay que confiar más en el conocimiento de la gente en general, así como de la persona en cuestión, para ver lo que está pasando por debajo de todo esto.

Normalmente, las personas manifiestan emociones de fondo en un par de maneras. Hay una sobrecompensación inmediata, una subcompensación inmediata, y el uso de un mecanismo de afrontamiento.

La sobrecompensación inmediata se utiliza a menudo frente a las emociones chocantes. Hay algunos indicios cuando se trata de una sobrecompensación inmediata. Considera el caso de alguien que intenta mantenerse fuerte cuando escucha malas noticias. Su reacción inmediata es mantener el contacto visual y forzar una sonrisa y un tono "feliz". Sin embargo, si te concentras más de cerca, hay indicios obvios. Su contacto visual, por ejemplo, será extraño y un poco demasiado fuerte, y puede que intenten a propósito no mover los ojos para evitar derramar lágrimas. La sonrisa será claramente forzada porque no estará presente en sus ojos, o mostrarán un rostro neutral que es demasiado rígido y no se ve afectado. A la inversa, el tono de su voz se verá tan afectado hasta el punto de que o bien suene robótico, o bien parezca que es un camarero de un restaurante tratando de conseguir una propina.

La subcompensación inmediata es exactamente el problema opuesto. En lugar de intentar ocultar su emoción secundaria, puede que sólo intenten ocultarla parcialmente, lo que lleva a algunas indicaciones bastante obvias. Esto es mucho menos común que la sobrecompensación, por lo que no es demasiado importante en un sentido relativo.

Lo que es realmente importante es entender el desarrollo de los mecanismos de afrontamiento. El desarrollo de los mecanismos de afrontamiento es una parte central del psicoanálisis de las personas, y te permite aprender a socavarlas y a romper dentro de ellas, así como a comprender por qué se forman en primer lugar. Es un componente central de la manipulación de las personas.

El desarrollo de los mecanismos para hacer frente a la situación se produce a menudo durante un largo período de tiempo. Puede considerarse como una forma de sobrecompensación en respuesta a un determinado estímulo no deseado que se produjo una o varias veces.

Uno de los mecanismos de adaptación más prominentes y fáciles de identificar, es el desarrollo de un complejo de poder. Este se desarrolla normalmente debido a un período en la vida de una persona en el que se le quitó todo el poder y la autonomía. Por ejemplo, tal vez crecieron con padres narcisistas, y nunca se les permitió tomar sus propias decisiones. En respuesta a este trauma, cuando son mayores, se enfrentan a la tensión emocional aprovechando el poder siempre que pueden conseguirlo.

Cuando reconoces un complejo de poder, empiezas a desarrollar rutas que puedes usar para manipular este tipo de personas. Por ejemplo, tienes dos tipos diferentes de enfoque que puedes usar para manipular a alguien con un complejo de poder.

La primera es la más obvia, apelar a ella. Si trabajas con la persona de manera que realmente apeles a su complejo de poder, puedes hacer que se sienta como si estuviera a cargo, incluso si no lo está. Esta puede ser una herramienta útil, pero hay muchas cosas que debes considerar antes de hacerlo correctamente. Por ejemplo, tienes que poner todo en capas, para que parezca que realmente está al mando y no que sólo estás intentando que se sienta como si lo estuviera. Una forma astuta de hacer esto es ponerse "por debajo" de ellos bajando el tono de voz. No te pongas a la defensiva, pero hazte parecer vulnerable cambiando ligeramente el tono de tu voz.

La segunda es un poco extraña, puedes tratar de ejercer más control sobre esa persona. Este es mucho más difícil de lograr que el metodo anterior. Si alguien se libra de tener tanto poder como sea posible, puedes intentar socavar su poder actuando de manera que seas superior a él. En otras palabras, castrarlo emocionalmente. Puedes hacerlo pinchando algunas de las cosas que crees que le molestan y usarlas para meterte bajo su piel de una manera sutil que no se de cuenta de que lo estás haciendo. Sin embargo, las repercusiones de esta técnica son mucho mayores. Puedes cambiar efectivamente la dinámica para que tú estés a cargo. Sin embargo, también puedes estropearlo todo y hacer que la otra persona se enfade lo suficiente como para dejarte fuera por completo.

Ser capaz de reconocer muchas de estas cosas y patrones es esencial para manipular a las personas y comprenderlas a través de la programación neurolingüística, así que asegúrate de tomarte el tiempo necesario para estudiar qué tipo de cosas suelen tener las personas. Muchas de ellas son bastante claras: una infancia pobre, ser intimidado en la escuela, etc., etc.

Capítulo 4: Conocer tu posición

Antes de hacer cualquier otra cosa, es importante que aprendas a reconocer y trabajar con tu posición. ¿Cuál es tu posición, exactamente? Imagina tus relaciones con esta persona en términos de un tablero de juego. Intentas ir de un extremo al otro a través de una serie de interacciones diferentes. En el otro extremo del tablero se encuentra tu objetivo final.

Si eres afortunado, puedes percibir innatamente el calor de alguien hacia ti. Su calidez hacia ti, indicará cuán cerca de tu objetivo final estás y cuán bien puedes manipularlos para conseguir lo que quieres. Recuerda que el objetivo final de todo esto es lo que quieras obtener de ellos. Estás tratando de decir las cosas correctas y hacer las acciones correctas para que puedas alcanzar esa meta.

Es en este punto en el que puedes empezar a enrollar todas las cosas de las que hemos hablado en los capítulos anteriores en una gran lección para tener una sensación del nivel de intimidad de esa persona hacia ti. En realidad, es sorprendentemente fácil crear intimidad. De hecho, repasaremos las técnicas para lograrlo en el siguiente capítulo.

¿Cómo puedes percibir lo íntimo que es alguien contigo? Puedes juzgarlo en función de su voluntad de ser abierto contigo.

Para influenciar a la gente que usa la programación neuro-lingüística, necesitas ganarte su favor. Ganarse el favor no consiste en hacer favores y estar de pie todo el tiempo. Más bien, es lo contrario. A casi todo el mundo no le gusta la gente que es un completo besa-traseros y será apagado por la gente que actúa de esa manera. La excepción, por supuesto, es la gente que tiene complejos de poder. Sin embargo, en este caso, existirán en gran medida para el beneficio de la persona con el complejo de poder, donde serán paseados por todas partes en lugar de obtener cualquier tipo de influencia real.

La realidad aquí es que hay muchas maneras de obtener favores de alguien. Algunas de ellas se discutirán con más detalle en el siguiente capítulo. Por ahora, sólo vamos a cubrir lo básico.

La primera cosa que necesitas darte cuenta como alguien que quiere influenciar a los demás es que la gente verá su relación contigo de un par de maneras diferentes. La primera es su intimidad emocional contigo, la segunda es su confianza en ti, y la tercera es su expectativa de ti. Todos estos elementos se relacionan entre sí, pero también divergen. Puedes ganarte el favor de alguien aumentando estos tres elementos fundamentales tanto como sea posible.

La intimidad emocional se construye a través de la conversación. A la gente le gusta ser vista como personas en lugar de ser vista como un monolito, quieren ser humanizados. Si necesitas algo de alguien, no lo trates como si fuera especial. Trátalos como si fueran tus amigos, y empezarán a venir y a actuar como si fueran tus amigos. Las pequeñas cosas pueden ser muy importantes en este caso.

Además de eso, tienes que empezar a construir la confianza en ti. Esto se construirá naturalmente con el tiempo a medida que trabajes en los otros dos elementos mencionados anteriormente. La confianza aquí se refiere a tu capacidad de confiar en tu juicio, más que tu capacidad de confiar en ti como persona. En ese sentido, puedes ser visto como una propia categoría individual. Por lo tanto, cuando tratas de ganarte la confianza de alguien, estás tratando de ganar su capacidad de tomar lo que dices al pie de la letra y no cuestionarte demasiado. La gente es naturalmente un poco escéptica cuando se les presenta una idea.

Capítulo 5: Una posición favorable - Salir Adelante

En este capítulo, vamos a hablar sobre la construcción de una personalidad para ti mismo que te permitirá inmediatamente intimar emocionalmente con alguien y obtener todo lo que necesitas para construir una conexión con ellos y manipularlos con éxito.

Una vez que te familiarices con los métodos tratados en este capítulo, podrás ganarte la confianza de la gente de manera fácil y eficaz y utilizar la comunicación verbal y no verbal en tu beneficio para obtener lo que quieres de ellos. En algunos casos, sólo necesitas tener una pequeña conversación, aunque tus habilidades mejorarán a medida que se extienda tu relación con las personas. La máxima efectividad se alcanza después de varias conversaciones.

A partir de ahí, puedes empezar a usar los métodos del siguiente capítulo para orientar a la gente hacia un determinado objetivo. Es entonces cuando el libro realmente comienza a tener éxito en términos de contenido. Todo hasta este punto ha sido simple en un sentido relativo. Vamos a llegar al meollo del asunto.

Pero antes de llegar al punto de influenciar a la gente, tenemos que hablar de cómo puedes ponerte en posición de influenciar a estas personas. Entonces, ¿qué es exactamente lo que puedes hacer para ponerte en ese tipo de posición?

Lo primero y más importante en lo que debes centrarte es en tu presentación ante ellos. La forma en que le presentas algo a alguien le dirá más o menos todo sobre ti, así que una presentación fuerte es absolutamente crucial. Ten en cuenta que la personalidad que desarrolles en este capítulo debe ser una extensión de la tuya en lugar de una desde cero. Si intentas crear una desde cero, entonces puede parecer que es sólo un invento, que es lo contrario de lo que quieres.

Más bien, quieres dar la impresión de ser genuino. Dolorosamente, de hecho. Es en este punto en el que te darás cuenta de que muchas de las cosas que crees que son tabú en una conversación no lo son y que aprovecharse de estas cosas puede ser una gran manera de hacer que alguien se abra a ti.

Sin embargo, aunque debes ser genuino, también debes hacer lo que puedas para que se reflejen en ti. No lo hagas de una manera obvia. Las investigaciones muestran que la gente es más receptiva a las personas que emulan su lenguaje corporal. Hacerlo sin parecer extraño puede ser bastante difícil, pero empieza de a poco y luego sigue subiendo. Si tienen la cara en la mano, entonces debes asumir una posición parecida. Haz que parezca natural, no como si estuvieras tratando de imitar su lenguaje corporal. Cuando imitas el lenguaje corporal de alguien, abres un nuevo nivel de intimidad que antes no existía. Esto es crucial en la búsqueda de la conexión emocional con alguien, así que asegúrate de hacerlo.

Sin embargo, ten en cuenta que hay momentos en los que puedes asumir posiciones de poder. Estos, vienen después de que hayas construido una relación con alguien. Las posiciones de poder son poses corporales que indican que tienes el control de la situación. Normalmente consisten en ocupar el mayor espacio posible sin parecer obvio (por ejemplo, recostarse en una silla con los brazos cruzados), o estar en algún tipo de posición por encima de alguien (por ejemplo, estar de pie cuando el otro está sentado). Los juegos de poder sutiles como estos pueden ayudar mucho a establecer una posición dominante sobre alguien, pero tienden a quitarle la sutileza a tu manipulación, y puede hacer que la gente sienta que está siendo controlada, así que úsalos con moderación.

Dicho esto, pasaremos a discutir algunas de las formas en que puede usar tus palabras para persuadir a la gente y conseguir lo que quiere.

Capítulo 6: El poder de las palabras - Fundamentos lingüísticos de la manipulación

En este capítulo, vamos a cubrir cómo se puede manipular a la gente en una conversación, a través de la magia de la programación neurolingüística. Específicamente, vamos a hablar de varias estrategias diferentes que puedes abordar en el trato con la gente para conseguir lo que quieres. El gran objetivo aquí es el desarrollo de tu propio "campo de distorsión de la realidad". Hay mucho más que esto, pero es un gran punto de partida, y si lo practicas, rápidamente te encontrarás consiguiendo lo que quieras. Dicho esto, empecemos.

Ideas giratorias

Lo primero que hay que tener en cuenta antes de nada es que cuando se presenta una idea a alguien, te encontrarás nadando contra la corriente debido a la propia naturaleza de la proposición. Esto se debe a que la mayoría de las veces, no estás en la posición ganadora en términos de influencia. La gente no quiere hacer algo a menos que tenga que hacerlo, especialmente si parece irrazonable por una razón u otra.

Debido a esto, una habilidad en la que realmente necesitas trabajar es el giro de diferentes ideas para que suenen ventajosas para la persona que estás tratando de influenciar. No tienes que hacer esto directamente. De hecho, debes evitar hacerlo ya que esto hará que tus intentos sean obvios.

Más bien, en lugar de presentar las cosas en términos de "tú" y "yo", preséntalas como "nosotros" para que vean su inclusión en tu plan. Si hablas directamente de los beneficios, entonces hazlo de manera que parezca que ambos se benefician de ello, dejando fuera sus beneficios potenciales.

La sobreventa como táctica

La realidad es que si quieres influenciar a la gente apropiadamente, tienes que soñar en grande. Mientras que la gente es aprensiva sobre las cosas que son grandes y difíciles, es más probable que lleguen a cosas que son más grandes que razonables, siempre que puedas venderlas como razonables. La clave aquí es tener pasión en tu presentación.

Siendo realistas, sabes internamente que no darás en el blanco si sigues adelante con lo que estás tratando de hacer. Sin embargo, quedarse corto de la marca es completamente aceptable. También funciona de manera reflexiva, si la persona a la que estás influenciando te respeta lo suficiente y no haces lo de sobrevender constantemente, puede que se vea a sí misma como el problema y sea más receptiva a la idea de hacer algo más por ti.

La sobreventa es una táctica arriesgada porque debes tener la habilidad de inspirar a la gente con tu pasión. Sin embargo, a través de la persistencia, la práctica y el desarrollo del carisma adecuado, puedes fácilmente salirte con la tuya con la sobreventa para conseguir lo que quieres.

Simplificando en exceso

La "falacia del costo hundido" es algo muy real, y si alguien se dedica por completo a algo, hay muy pocas posibilidades de que quiera salir de ello. Esta es la simple verdad del asunto. Puedes hacer que la gente simpatice con tu idea simplemente haciéndola parecer pequeña, y luego dejas que descubran que es más grande una vez que ya están involucrados. La gente muy rara vez quiere ser el eslabón débil de algo.

Esto puede ser visto como lo opuesto a la sobreventa. En lugar de hacer obvio cómo irá un proyecto o algo que quieres, puedes ocultarlo y mencionarlo más tarde.

Honestidad abierta

Esta es una de las tácticas más fáciles, pero hará que la gente te respete más y que sean más parciales con tu influencia. El simple hecho es que mucha gente no está acostumbrada a la honestidad, sobretodo cuando menos la esperan. Más que eso, la manera de influir en la gente - para influir realmente y honestamente en la gente - es despistarlos. Si quieres influenciar a las personas, tienes que desconcertarlos y dominarlos en términos de fuerza de voluntad. Considéralo como un combate de boxeo, esperas a que tu oponente te dé una apertura antes de lanzar un puñetazo. Sin embargo, aquí, puedes crear tus propias aperturas. Puedes darte una oportunidad haciendo cosas que la gente no espera normalmente, y esto puede hacerte ganar su respeto.

Ser honesto cuando la gente no lo espera es una gran parte del éxito de la implementación de esta técnica. Por supuesto, tienes que tener un buen sentido del tiempo. No le digas a la gente que algo es horrible o que su ropa se ve mal o cualquier otra cosa explícitamente grosera. Más bien, si sientes que todos los demás los están mimando por algo, sé la oposición a los mimos. La gente sabe cuando se les alimenta con estiércol, incluso si es sólo estiércol para hacerlos sentir mejor. Ser alguien que ve a través del estiércol les hará sentir que realmente los entiendes. Discutiremos más sobre cuándo es una buena o mala idea, cuando lleguemos al capítulo de los "puntos de ruptura".

Es difícil definir exactamente lo que significa la honestidad abierta. Es una definición un poco difícil en sí misma, después de todo. Si realmente quieres una definición de honestidad abierta, considera una situación en la que alguien te está confiando algo. Están nerviosos por alguna gran decisión de la vida que se avecina. La honestidad abierta no es dirigirlos a tomar un camino u otro, incluso si ese es tu objetivo final en la conversación. La honestidad abierta es como si dijeras, "Sólo espero que esté bien", y luego dijeras algo como "Puede que no". "Lo sabes, y siento que estés en esta situación. Es horrible. Pero..." y luego continuar con la conversación, tratando lentamente de ponerlos de tu lado mediante el uso de otras tácticas.

La clave aquí es dejar que reconozcan que los entiendes. La mayoría de la gente del otro lado de la conversación dirian: "Estarás absolutamente bien", pero tu no lo haces. Afirmas su miedo subyacente (que podría no estar bien), validas ese miedo expresándoselo de nuevo, y le haces sentir que debería permitirte ayudarle a tomar una decisión, incluso si no es de una manera directa. Esto hace que subconscientemente se tomen tu consejo a pecho, más de lo que lo harían con los consejos de otros.

Define tu posición como neutral

Esto no siempre se aplicará, pero hay ocasiones en las que el mejor curso de acción es definir explícitamente tu posición porque te hace parecer que estás fuera de la situación. Incluso si tienes una posición hacia la que quieres empujar a alguien.

Considera esto, tú y uno de tus amigos tienen un amigo en común que no te gusta tener cerca por una razón u otra. Tú y el amigo mutuo están hablando entre sí en una fiesta después de que todos los demás se van a dormir, y empieza a confiarte que tienen la oportunidad de alejarse ocho horas. (Esta historia está basada en algo que realmente le pasó a alguien cercano a mí.)

Como sólo son amigos mutuos, puedes decir que estás en una posición única. "Todos los demás te empujarán a quedarte porque son tus amigos y te echarán de menos. Estoy en una posición única porque te conozco, pero no hay una gran diferencia para mí si estás aquí o allá. ¿Ves lo que digo? Me gustas, no me malinterpretes. Quiero ser tu amigo. Me considero tu amigo. Pero estoy en una posición única porque puedo decirte sin prejuicios lo que debes hacer. Esta es una oportunidad increíble para ti, y creo que deberías ir".

Debido a que definiste tu posición neutral y has hecho otras cosas en esta lista para ponerte en una posición tal que puedas influir en su posición, has conseguido que subconscientemente empiece a pensar que tu opinión es la objetiva y la de todos los demás es simplemente subjetiva. Eres el faro de la racionalidad aquí. Esto va mejor con un poco de bebida porque facilita tu suspensión de la incredulidad.

Declaraciones cortas y largas

Esto va muy bien con la última lección, pero es un gran consejo en general. Cuando estés hablando con alguien, no domines absolutamente la conversación. Permítele hablar y luego haz preguntas relevantes sobre lo que está diciendo, vinculándolo a tu punto de vista general. Esto está más dirigido a la conversación casual que a la venta de una idea, pero también puedes usarlo para vender una idea. (Manten tus respuestas y preguntas cortas, pero da una explicación apasionada y larga de vez en cuando).

Al intercalar declaraciones cortas y largas, se logran dos cosas. La primera es que mantienes a la gente alerta en cuanto a lo que se espera de ti en la conversación, lo que los mantiene ocupados. También, cuando respondes a lo que sea que estén diciendo, haz que parezca como si te importara genuinamente la perspectiva que están compartiendo.

Esta es una parte muy importante de la influencia, así que asegúrate de usarla cuando puedas. Recuerda, estás tratando de mantener a la gente en alerta y de mantenerlos interesados, así como de hacer un caso de algo, ya sea directa o indirectamente.

Intensidad y pasión

Necesitas trabajar para hacerte intenso y apasionado o al menos dar a los demás la impresión de que lo eres. Esto está más orientado a lanzar ideas que a una conversación casual. Si haces esto en una conversación casual, puedes desviarte del camino para influenciar con éxito a alguien porque podrías resultar espeluznante.

Lo que puedes hacer es trabajar para que tus frases sean "afiladas". Evita decir palabras de relleno y practica diciendo exactamente lo que quieras decir. Cuanto más tropieces con las cosas, menos seguro pareces estar.

Además, puedes hacerte ver más apasionado si le añades más entusiasmo. No importa si repites la misma información siempre y cuando la expreses de otra manera, o incluso puedes hacer que suene como si estuviera ahí para hacer énfasis. El punto es desarrollar un ritmo para lo que sea que estés haciendo y que suenes genuinamente excitado por ello. Haz que suene como si no sólo quisieras que ocurriera, sino que estuvieras cien por cien seguro de que puede ocurrir siempre que tengas la ayuda de la otra persona. Esto también va de la mano de algunas de las cosas de las que hablamos antes, como hacerles sentir que son una parte importante de cualquier cosa que estés sugiriendo.

Conoce tu aura

Nos guste admitirlo o no, todo el mundo tiene una cierta aura o vibración que desprende. Saber qué tipo de aura o vibración se desprende es importante para determinar qué tipo de enfoque se debe adoptar para influir en la gente.

Demuestrate vulnerable

Las personas a menudo se hacen muy vulnerables a otras personas. Sin embargo, la mayoría de las veces, sólo lo hacen como una reacción. Si eres el primero en hacerte "vulnerable", entonces a menudo puedes hacer que se abran también. Esta puede ser una gran manera de aprender cómo meterse bajo su piel, así como aprender qué tipo de tácticas necesitas usar para influenciarlos.

Hay dos rutas diferentes que puedes tomar aquí. La primera es que la gente te conoce. Esto tiene algunas consecuencias pero también algunos beneficios. La consecuencia más obvia es que esto te abre a ser emocionalmente vulnerable a la otra persona. Si no puedes apagar tus emociones por completo, entonces puedes encontrarte creciendo en apego a ellas. Esto no es bueno si sólo quieres usarlas para ganar algo. Por otro lado, dependiendo de las historias que compartas, esto puede significar que la gente puede corroborar contigo si alguna vez las necesitas. Personalmente, yo tendría algunas historias en reserva que no importan especialmente si salen a la luz, porque si alguien se da cuenta de que las estás usando, puede enfadarse y tomar represalias filtrando tus "secretos" si son inmaduros.

La segunda ruta es que puedes inventar historias. Esta se hace mejor por teléfono o en persona que por correo electrónico o mensaje de texto. Si inventas historias, entonces puedes estar tranquilo de que no tienen ningún vínculo real contigo en un sentido real. Incluso puedes crear una reserva de historias falsas para diferentes situaciones. Un beneficio añadido de este método es que si deciden filtrar tus secretos, siempre y cuando no dejes un rastro de papel, puedes acusarlos de inventar cosas para difamarte, ya que nadie podrá corroborar lo que dicen de ti. Sin embargo, esto también sirve como el principal inconveniente. Si necesitas a alguien que corrobore tu propia historia, tienes que prescindir de ella o hacer saber a alguien que estás intentando utilizar a otra persona, lo que puede causar un montón de problemas en sí mismo.

Sin embargo, si puedes hacerte vulnerable a otra persona, ellos comenzarán a sentir un apego por ti, y tomarán más en serio todo lo que les digas.

Juega con tus fortalezas

Para desarrollar una personalidad que puedas usar externamente para influenciar a la gente, necesitas empezar a jugar con tus fortalezas. Una de las razones por las que Steve Jobs era genial para influenciar en laas personas no era sólo porque sabía cómo funcionaban, sino porque era inteligente y apasionado. Sin mencionar, que era intenso. Todos estos, cuando se juntan, crean una mezcla muy potente usada para influenciar en otras personas.

Desafortunadamente, es probable que no seas Steve Jobs ni puedas acercarte a ser tan bueno como él. Como resultado, realmente necesitas saber como jugar con tus propias fuerzas y reconocer que partes de tu personalidad tienen el mayor poder de influencia.

Por ejemplo, si eres una persona inteligente, pero no eres muy hablador, concéntrate en decir más con menos. Eres naturalmente bueno trabajando con conceptos abstractos, así que sigue adelante y encuentra maneras de orquestar estos conceptos y de traer a la gente a tu lado. Usa tu inteligencia como base para influir. Sin embargo, no cometas el error de parecer que estás tratando de parecer inteligente. Por ejemplo, no abuses de un diccionario de sinónimos o algo así. Esto llevará a que la gente no te tome en serio, y puede que incluso te pongan por debajo de ellos.

Si hablas bien pero no eres muy inteligente, aléjate de los detalles más finos y concéntrate en usar tu carisma para atraer a la gente. Si no puedes conectar los puntos, no lo intentes. No saques a relucir los puntos que ni siquiera existen, para que la persona al otro lado de la conversación no pueda conectarlos por ti y probar que tu plan está equivocado. Si es absolutamente necesario mencionarlos, entonces menciónalos de pasada y avanza rápidamente a otro tema. Preferiblemente uno sobre el que puedas decir más y que involucre a la otra persona para que se salte los pequeños detalles de lo que estabas diciendo antes.

En general, sólo debes saber las cosas que la gente encontrará generalmente atractivas y luego trata de hacer lo mejor para trabajar dentro de esos confines.

Evitar la condescendencia

Si quieres influenciar a la gente, entonces esto es muy importante. Nunca debes ser condescendiente con otra persona, ni quieres decir algo que explícitamente los haga sentir mal. Esto es manipulación negativa, y viene con la inevitabilidad de causar daño. Puedes considerar el uso de este tipo de tácticas como un tipo de daño colateral. Deberías tratar tu objetivo final como un robo de joyas. En última instancia, lo haces por ti mismo, pero intenta salir de ahí sin herir a demasiadas personas.

La condescendencia es específicamente una de las mayores formas de alejar a la gente de su causa.

Sé encantador

Ya hemos hablado de esto un poco en los capítulos anteriores. Es increíblemente importante que seas encantador, y que puedas encajar en cualquier situación. Es difícil definir un cierto encanto, pero esencialmente todo se reduce a practicar las cosas de las que hablamos en el último capítulo para que puedas desarrollar tu propio tipo de carisma.

Es este carisma con el que encantarás a la gente. Ten en cuenta que ser encantador no significa necesariamente que estás tratando de seducir o comprometer a otras personas. Lo que significa ser "encantador" en este contexto es que hay una manera en la forma en que hablas que fácilmente atrae a la gente a lo que estás diciendo. El encanto, después de todo, no es necesariamente un concepto sexual o atractivo. Es sólo la capacidad de atraer a la gente.

Aunque esto pueda parecer un poco simplista en términos de una sugerencia, realmente no hay manera de evitarlo. Necesitas construir una especie de encanto superficial para ti mismo para que puedas atraer fácilmente a la gente a lo que estás diciendo. Es completa y totalmente necesario. Así que aunque no hay mucho que decir aquí realmente, necesitaba ser mencionado como una parte esencial de tus habilidades de manipulación.

Haciendo posible lo imposible

Esto se refiere en cierto modo al concepto de sobreventa. Sin embargo, una gran cosa que quieres que la gente haga es algo que es imposible. Si puedes conseguir que se suban a bordo y se emocionen con la pasión que emanas, la idea de hacer posible algo imposible los mantendrá involucrados en el proyecto o idea en general. Aunque las cosas pueden ser un poco extravagantes, con suficiente pasión, puedes mantenerlos involucrados y empujarlos más allá de lo que normalmente se empujarían a sí mismos.

Puedes unir esto con la idea de hacerlos sentir esenciales para una misión determinada. Si les haces sentir que son las únicas personas que pueden hacer que esto suceda, entonces es más probable que estén de acuerdo con ello. Sólo ten cuidado de no hacerles sentir demasiada presión, ya que esto puede agotar todo su entusiasmo.

Hablando de eso...

Cómo conseguir los objetivos

El hecho es que mucha gente tiene una especie de "fecha de caducidad" innata para una idea. Por ejemplo, si se trata de una especie de empresa conjunta en la que los convenciste, si realmente la construyes o la sobrevendes y les das el tiempo suficiente antes de saltar a ella, van a empezar a hacer agujeros en la idea misma. Una vez que esto ocurra, puedes considerar que tu sociedad está terminada. Empezarán a renunciar a ella por completo.

Lo que puedes hacer es desconfiar de esta fecha de caducidad y luego usar las tácticas listadas antes de que empiecen a trabajar en ello. Cuanto antes empiecen a trabajar en ello y cuanto más inviertan ellos mismos, más pronto empezará a establecerse la "falacia del costo hundido" y más pronto empezarán a sentir un apego a la idea en sí.

La fecha de caducidad de una idea difiere de cada persona, así como la gravedad de la idea. Por lo general, esta es una de esas cosas que puedes sentir después de unas pocas interacciones con una persona, pero no siempre tienes tanto tiempo antes de que necesites influenciar a alguien. Sin embargo, ten en cuenta que puedes aprovechar estos conceptos para conseguir que aquellas personas que tienen la tendencia a pensar demasiado y salir de sus compromisos.

Conoce a tus contrarios

Parece una idea muy básica introducir el concepto de psicología inversa en este libro, pero el hecho es que algunas personas van a hacer exactamente lo contrario de lo que les dices. Entonces, ¿qué haces en estos casos?

Los contrarios son una raza interesante para influenciar. Desafortunadamente, no siempre sabes que son contrarios hasta que intentas trabajar con ellos y hacer que hagan algo. A veces, sin embargo, tienes la suerte de observarlos de antemano y ver cómo es probable que actúen.

Entonces, ¿qué haces si estás tratando de trabajar con un contrincante? Lo mejor es no tratar de presionarlos, sino desviarlos con fuerza hacia lo contrario de lo que quieres. Los opositores son típicamente muy desafiantes y se enfrentarán a una cierta cantidad de vigor con una cantidad igual de oposición.

Sin embargo, también hay contrarios asustados. Estos son contrarios que siempre hablan de todo lo que les dicen los demás. En estos casos, hay que empujarlos lentamente hacia lo contrario de lo que se quiere. Seguramente seguirán hasta el último segundo, en cuyo momento tirarán de lo contrario de una sola vez.

Trabajar con los contrarios puede ser ligeramente frustrante, pero no es terriblemente difícil de entender una vez que tienes una idea clara de cómo debes manejarlos. Ni siquiera necesitas mucha práctica porque se aplican las mismas técnicas y tu posición acaba de cambiar.

Golpear a la gente con la guardia baja

Casi parece redundante decir esto en este momento, pero es de suma importancia que intentes coger a la gente con la guardia baja. Lo que sea que estén esperando, trata de hacer exactamente lo contrario. No todo el tiempo, por supuesto, pero trata de hacerte ver bien, diferente y digno de confianza. En esencia, intenta hacer lo que puedes para parecer que eres alguien que puede influir en ellos.

Una forma de coger a la gente con la guardia baja es mantener un contacto visual completo cuando les dices algo que realmente te importa o quieres hacer que parezca que realmente te importa. Aquí usa tu intuición, por supuesto. No te hagas el espeluznante en nombre de la influencia. Sin embargo, el contacto visual correcto añade un grado de intensidad y dominio a la conversación que no tiene paragón, y si lo practicas lo suficiente, puedes hacer que la gente se acerque a lo que quieras que hagan junto con las otras cosas de esta lista.

Hacerlos sentir especiales

Esta es una de las cosas más importantes de toda esta lección. Si no te tomas nada más a pecho, recuerda esto: tu objetivo es hacer que la otra persona sienta que es esencial para lo que sea que estés haciendo.

No lo malinterpretes. La gente sabe cuando intentas halagarles o halagarles la mantequilla. No puedes darles cumplidos obvios y esperar que se entusiasmen con tu proyecto o idea. En todo caso, pueden sentir que los estás tratando con condescendencia, y esto les impedirá aceptar tu idea.

Más bien, tienes que hacerles sentir que tienen habilidades únicas que nadie más tiene, o como si hubiera alguna razón específica por la que acudir a ellos en busca de ayuda. Hazles sentir que se les necesita. Si puedes hacer esto, entonces hay una buena posibilidad de que puedas hacer que estén de acuerdo con tus ideas.

Reconocer todo como una variable

Este es un consejo más general, pero si tratas de llegar a las cosas de una manera muy clara, como ir del punto A al punto B, necesitas reconocer que todo tiene una variable que puedes manipular. Si tu influencia se extiende lo suficiente, no te limitas únicamente a obtener lo que quieres de una persona. Puedes diseñar situaciones enteras basadas en la influencia que has desarrollado con la gente, de modo que puedes hacer que toda la situación se desarrolle de cierta manera en lugar de que dependa de una sola persona.

Si decides que te gustaría hacer las cosas de una manera, ten en cuenta que básicamente vas a contracorriente. Necesitas establecer tu plan para que todo tenga un respaldo y que si algún elemento cae, el plan se detenga y no vaya más allá o el plan pueda continuar sin ese paso. Esto se debe a que en última instancia, tu situación depende de variables que no se supone que se utilicen, o que no se supone que se utilicen de una manera "verdadera". Esto significa que las cosas en tu situación tienen una mayor probabilidad de ir mal que bien. Esto no significa que tu plan esté condenado, sólo significa que necesitas tener una serie de fallos en su lugar debido a la posibilidad de que algo no funcione. Recuerda que estás diseñando activamente una situación. Todo en esta situación es obra tuya y se basa en la influencia y las variables que tú establezcas. No confíes demasiado en eso a menos que estés absolutamente seguro de que todo saldrá bien.

Capítulo 7: Lenguaje y Psicología - Palabras para hacer que las personas se muevan

En este capítulo, vamos a discutir la programación neuro-lingüística y cómo se aplica a todo lo demás que hemos cubierto en este libro.

Lo creas o no, ya hemos cubierto algunos conceptos de programación neuro-lingüística. Varias cosas en el último capítulo tenían que ver con la idea de la programación neurolingüística bajo el capó.

¿Qué es exactamente la programación neuro-lingüística? Hemos llegado hasta aquí, pero aún no le hemos dado una definición exacta. La programación neurolingüística es básicamente, la idea de que puedes usar el lenguaje para insertar ideas en la mente de las personas. En otras palabras, estás haciendo sutilmente sugerencias que eventualmente serán aceptadas por el subconsciente de una persona.

A través de estas técnicas, puedes hacer que la gente acepte lentamente lo que sea que quieras que hagan. Durante un largo período de tiempo, la gente llegará a verte como una influencia primaria, si quieres serlo. Puedes usar los favores que has conseguido con la gente, para pedirles favores a su vez.

Algunas de las formas en que hemos estado usando la programación neuro-lingüística hasta ahora están estableciendo paradigmas únicos de honestidad y rasgos de personalidad encantadores. La combinación de tu encanto general y tu manera única de hablar a la gente hará que te vean como una persona de confianza.

Otra forma en que lo hemos discutido es en la noción de sacarse a sí mismo de la ecuación y luego enmarcar el argumento hacia la cosa que se quiere bajo la pretensión de ser objetivo. Cuando haces esto, preparas las cosas de tal manera que la persona comienza a verte como imparcial y objetivo. Esto es importante porque programa a la gente a valorar tu opinión por encima de las opiniones de los demás porque la ven como una idea más "sólida" que lo que otros pueden ofrecer.

Así que al final, ¿cómo puedes aprovechar los conceptos de la programación neuro-lingüística para construir tu influencia entre la gente? Hay un par de métodos diferentes.

Lo primero y más importante es usarlo para establecer una conexión emocional entre grupos de personas y tu, o sólo una persona y tu. Necesitas empezar a usar términos como "nosotros" en vez de "yo" para establecer una sutil deferencia hacia ti o el grupo y un tranquilo sentido de responsabilidad. No reemplaces completamente el "yo", pero empieza a referirte a ti y a la persona o personas en cuestión como una unidad. Esta es una parte importante.

La segunda es hacerte parecer enigmático. Lo haces tomando a la gente con la guardia baja y aparentando ser alguien muy único, como ya he dicho antes. Tu objetivo no es marginar a la gente rara, así que no lo lleves muy lejos. Lo que quieres en última instancia es que la gente te describa positivamente, y que vean tu personalidad y tu forma de manejar las cosas como fundamentalmente distintas.

Hay otras formas de usar el lenguaje para poner sutilmente a la gente en contra o a favor de las cosas. Estas funcionan mejor desde un punto de vista de falso objetivo (como el punto de vista distante del que hablamos antes) o desde una posición en la que te ven como una persona influyente. En realidad hay una profunda connotación con las palabras positivas y negativas, de tal manera que incluso el uso de palabras positivas o negativas en relación con algo, cuando a alguien le importa tu opinion, puede crear una situación en la que innatamente empiezan a conectar esas palabras positivas o negativas con esos conceptos. Por ejemplo, si se tratara de presentar una universidad como buena y otra como mala, se podrían utilizar términos y frases vagamente buenos para definir la primera, mientras que se utilizarían términos y frases vagamente malos para definir la segunda.

Si eres demasiado abierto en este enfoque, la gente se dará cuenta de que estás tratando de hacer un contraste o una comparación entre los dos sujetos. Más bien, necesitas usar un lenguaje sutil. La primera universidad, por ejemplo, puede ser "asequible", "tener grandes programas" o "una base sólida". La segunda universidad puede estar "fuera del camino" o "es un poco simple", o puedes estar "un poco preocupado por lo bien que será visto un título de esta universidad".

Es con el uso de estas sutiles frases que puedes empezar a programar lentamente las opiniones de alguien sobre ciertos temas. Con el tiempo, puedes empezar a cambiar dramáticamente la opinión de alguien sobre algo.

Otra forma de programar las opiniones de alguien es sobrepasar lo que no te gusta. Por ejemplo, si tratas de argumentar en contra de algo, puedes decir algo tan erróneamente bueno sobre la oposición que la persona comenzará a verlo como irónico en su propia mente y poco a poco verá a través de lo que presentaste. Esto es algo muy sutil y difícil de lograr, pero puede ser muy gratificante cuando lo haces bien.

Recuerda, las palabras tienen un gran poder. Una de las cosas más importantes que puedes hacer es aprender a usar este poder para doblar las cosas a tu favor.

Capítulo 8: Comprensión de los puntos de rupture

Este capítulo romperá con los anteriores porque, en este punto del libro, comenzaremos a ser un poco más precavidos de lo que lo hemos sido hasta ahora. Es decir, vamos a empezar a discutir algunos de los inconvenientes de estos métodos y cómo evitarlos.

Como dije antes en el libro, tus objetivos finales deben ser tratados como robos de joyas. Entras, obtienes lo que necesitas, y te vas sin tratar de lastimar a la gente.

Por eso es importante que entiendas la naturaleza de los "puntos de ruptura", así como la forma de recuperarte de ellos si los encuentras.

Incluso en el contexto de la manipulación negativa, que se encuentra fuera del método lento de programación neuro-lingüística, hay ciertos límites que simplemente no se pueden cruzar o de lo contrario todo tu plan podría fracasar.

Entonces, ¿cuál es el punto de ruptura en el contexto de la manipulación? Un punto de ruptura se reduce esencialmente a lo que puedes decir o hacer a una persona antes de que empiece a ver a través de ti o antes de que hayas hecho algo absolutamente irredimible.

Un punto de inflexión sería, por ejemplo, aprovechar la experiencia traumática de la vida de alguien para tu propio beneficio. Recuerda que estás tratando de que la gente haga lo que tú quieres que haga, no estás tratando de quebrar a la gente. Si alguna vez surge este tipo de situación, evita aprovecharte directamente de su experiencia y en su lugar espera a que se recuperen antes de intentar utilizarlos de nuevo.

Entenderás más los puntos de ruptura con la experiencia, pero son un tema importante en el que deberías empezar a pensar, así que he decidido cubrirlos brevemente. Siempre hay que tener cuidado con la situación de una persona y la tensión que le estás poniendo emocionalmente porque si es demasiado, puede causar que todo se desmorone, tanto para ti como para ellos.

Capítulo 9: El arte de la mentira

En este capítulo, vamos a discutir un concepto que mucha gente parece pensar en exceso, la mentira.

Afrontémoslo, si quieres aprovechar la psique de la gente, tienes que mentir en un momento u otro. Mentir es un arte, hay buenos y malos mentirosos. Algunas personas son tan buenas que nunca sabrías que están mintiendo a pesar de usar pruebas de polígrafo o de ponerlas bajo escrutinio psicológico hasta que ves la verdad delante de ti, y finalmente te das cuenta de que había algo raro en lo que decían.

Mentir es importante para manipular a la gente. Hay muchos errores que la gente comete cuando intenta aprender a mentir "correctamente". Vamos a cubrir lo que le permite a una persona saber que estás mintiendo para que puedas evitar cualquiera de esos escollos.

La primera y más obvia trampa es la famosa "red de mentiras". Quedar atrapado en una red de mentiras es terriblemente vergonzoso, pero es más fácil de lo que crees. Si dices una mentira, asegúrate de anotar con cuidado exactamente lo que estás diciendo, para que puedas volver a ello más tarde. Si sientes que necesitas mentir, piénsalo con antelación para que puedas hacer los agujeros necesarios y arreglarlos antes de tu "audición".

Esto nos lleva naturalmente al segundo gran tema, algo que mucha gente hace cuando intenta mentir es hacerlo parecer como si estuviera ensayado. Si alguna vez escuchas a alguien hablando con naturalidad, no fluye perfectamente como si estuviera leyendo un guión. De hecho, tiende a fluir de forma bastante incómoda, incluso entre las personas mejor habladas. Esto se debe a que el cerebro y el resto de ti tienden a separarse esencialmente cuando hablan de improviso. Lleva un segundo pensar, procesar y luego decir tus pensamientos. Si tienes una larga serie de pensamientos, esto se vuelve aún más difícil. Suena tan natural como sea posible. Practica tu mentira y tus entonaciones y asegúrate de que suenen como tu voz genuina. ¿Conoces el dicho: "Lleva mucho tiempo parecer que acabas de despertar"? Lo mismo se aplica aquí, se necesita mucho ensayo para que suene sin ensayar.

Otra cosa que muchas personas hacen es que usan un lenguaje corporal excesivo o insuficiente. Por ejemplo, mucha gente sabe que esa vieja joya del conocimiento de que las personas que están bloqueadas, se tocan la cara o evitan el contacto visual o miran al cielo. Debido a esto, comenzarán a sobrecompensar con un lenguaje facial y de cabeza extremadamente torpe. Por ejemplo, alguien que intenta aparentar que no está mintiendo a menudo hará demasiado contacto visual. Aunque es peor evitar el contacto visual, hacerlo demasiado puede ser bastante malo en sí mismo. Ten cuidado de no exagerar en la búsqueda de una mentira.

Mentir, en última instancia, no es muy difícil. Hay una metodología para ello. Lo primero que tienes que hacer es pensar antes de mentir, si es posible. Cuando tengas tiempo para considerar todas las posibilidades que se derivan de la mentira, puedes empezar a revisar tu mentira antes de que la necesites. Esto hace que sea menos probable que tengas una mentira delgada como el papel.

Cuando se trata de mentir, necesitas relajarte. Haz lo que puedas para relajarte, de hecho. Respira profundamente antes de que necesites mentir, piensa en otra cosa, haz lo que puedas para sacar tu mente de tu mentira. O, más importante, aleja tu mente del hecho de que estás mintiendo. Incluso podrías pasar algún tiempo antes de mentir tratando de convencerte de que la mentira sucedió realmente, de esa manera sale como verdad. Por supuesto, tu mente subconsciente sabrá que la mentira no ocurrió, pero si puedes hacer que tu proceso de pensamiento consciente actúe como si lo hubiera hecho, eso debería ser suficiente para al menos aclarar la mentira.

Una de las cosas que nunca debes hacer si tu mentira empieza a ser cuestionada es ponerte a la defensiva. La defensa es la razón número uno por la que la gente es atrapada por sus mentiras. Es por ello que, ponerse a la defensiva por una mentira, hará que la gente confíe en ti mucho menos de lo que lo harían de otra manera. Lo mejor que puedes hacer si tu mentira es cuestionada es mantenerte firme pero hacerlo de manera racional. Explícate más, pero debes tener cuidado de no explicar demasiado. Si tienes que dar más de 2 frases después de ser cuestionado sólo para explicarte, has metido la pata críticamente en alguna parte.

El verdadero truco es pensar en ti mismo como si estuvieras diciendo la verdad. Si dijeras la verdad y te pidieran que te defendieras, ¿qué harías? Seguirías diciendo sólo la verdad. Digamos, por ejemplo, que tu jefe te preguntara si has terminado un informe. En realidad lo tenías, y lo pusiste en su escritorio. Entonces, dices "Sí señor, lo puse en su escritorio", y él dice "No, no está ahí". ¿Lo terminaste?"

¿Qué dirías? Lo que no dirías es algo como "Sí señor, estuve despierto toda la noche trabajando en ello, y puse una gran cantidad de trabajo en ello. Es una gran presentación, y no tengo ni idea de por qué no está ahí. ¿Cree que tal vez alguien más lo tiene? ¿O la señora de la limpieza lo recogió por accidente?"

Dirías algo como: "Sí señor, lo puse en su escritorio, no estoy seguro de por qué no está ahí. ¿Podría alguien haberlo congido?" Esa es toda la explicación que darías. No te presiones para hacer nada más cuando estás mintiendo. Se vuelve terriblemente transparente.

Cuando la mentira termine, por desgracia, tendrás que seguir su pista. Esta es una de las partes más difíciles de la mentira en general. Tendrás que mantener la mentira durante el tiempo en que la mentira afecte directamente a alguien. Puede que realmente quieras considerar mantener un diario de mentiras encriptado en tu ordenador si tienes la intención de mentir a menudo o tienes una mentira particularmente peluda que podría salirse fácilmente de control.

Al final, sin embargo, mentir es relativamente simple. Es una parte importante de tu repertorio si quieres influir en la gente. Mentir es como la manipulación, no es intrínsecamente malo mientras no dañe a nadie. Aunque puedes considerarla como una forma de aprovecharte de la gente, siempre y cuando nadie salga herido, no es algo malo explícitamente. La moralidad es, en última instancia, muy vaga, y los fines a menudo justifican los medios. Esto no es una excepción.

Capítulo 10: "Me veo a mí mismo en ti" - La importancia de la identificación

En este capítulo, vamos a discutir la importancia de un concepto clave: conseguir que la gente se identifique co. Este es uno de los aspectos clave de los conceptos de programación neurolingüística que necesitamos cubrir en este libro en términos de manipulación. Hay mucho que decir sobre conseguir que la gente se identifique contigo. Es una habilidad necesaria, y es una de las semillas más importantes que puedes plantar en la mente de alguien.

¿Qué significa la identificación? La identificación se refiere a la capacidad de alguien de reflejarse en una persona determinada. La identificación puede ir en ambos sentidos, pero en el momento en que te identifiques con alguien, automáticamente pensarán en ti de forma más positiva.

Está arraigado en la psique humana buscar la validación social. Cuando dices que te ves a ti mismo en alguien, o lo ves como una versión de ti, o te ves a ti mismo como una versión de ellos. Estás validando el deseo de esa persona de ser validada. Se volverán más comprensivos con lo que tengas que decir porque empezarán a verse a sí mismos como una extensión de ti.

Esto es algo que tienes que hacer después de conocer a una persona por un tiempo y establecer algún tipo de relación y un terreno común con ella. No puedes decir esto de buenas a primeras, o de lo contrario resultará muy artificioso.

Entonces, ¿qué tipo de situaciones pueden prepararte para lanzarles esta bomba? Considera hacerlo si necesita influir en una decisión suya de una manera u otra. Si ya has establecido el respeto por ti y estás en una posición de antigüedad con ellos, puedes decir que te ves a ti mismo en ellos y luego explicar por qué. Siempre que no hayas malinterpretado su respeto por ti, lo tomarán como un cumplido. Así es como puedes convertir a un seguidor en un adorador, en un sentido o en otro. Valida su respeto por ti, y empezarán a aceptar mejor cualquier cosa que digas.

¿Y si funciona de la otra manera? Digamos que tienes a alguien por encima de ti y tratas de aprovechar su poder para tu propio beneficio. ¿Cómo puedes hacer tal cosa? Dándole la vuelta, por supuesto.

La diferencia es que en este contexto, no quieres dejarlo caer antes de pedir algo, se verá como un simple halago, y eso hará que sea más probable que te denieguen tu petición por completo. Lo que puedes hacer es dejarlo en una conversación casual como este ejemplo: "Veo mucho de usted en mí, señor, creo que me lo ha contagiado."

Esto plantará una semilla que empezará a madurar con el tiempo, haciendo que se identifiquen más contigo. Habrá validado su deseo de respeto, y a cambio, ellos comenzarán a respetarlo también. Es probable que no te respeten, pero te da espacio para pedir algo o ejercer tu influencia, siempre y cuando sigas trabajando y ganando más favor con ellos.

Con todo, esta es una de las lecciones más importantes de este libro porque es un concepto que expresa perfectamente el objetivo de la programación neuro-lingüística en la manipulación e influencia, es decir, algo que hace que la gente empiece a pensar de la manera que usted quiere. Nunca sabrán cuál es tu objetivo final, sólo te verán como te pintaste a ti mismo, como una extensión de ellos.

Capítulo 11: Navegando la Psique - Prediciendo reacciones

En este capítulo, vamos a discutir uno de los temas más difíciles para entender realmente lo que está pasando en la cabeza de una persona lo suficientemente bien como para predecir su reacción a lo que sea que pueda hacer. Lamentablemente, esto no es tan sencillo como uno quisiera.

Muchas de las predicciones de las reacciones de la gente se obtienen mediante una combinación de experiencias y mediante la lectura de las mismas, especialmente a través de las cosas que hemos discutido en el capítulo de psicoanálisis. Predecir las reacciones es, sin duda, uno de los aspectos más difíciles de manipular eficazmente a las personas.

Afortunadamente, como la metodología de la programación neurolingüística se mueve un poco más despacio que otras técnicas de manipulación, no se corre un riesgo tan grande al tratar de sacar algo de alguien, porque generalmente no se usan técnicas de programación neurolingüística para obtener algo a corto plazo. Más bien, las usas para obtener algo a largo plazo, así como para construir la relación necesaria para obtener cosas a corto plazo.

La programación neuro-lingüística de esta manera puede ser vista como una manera de construir influencia así como implantar sutilmente cosas en la psique de las personas para que acepten ciertos temas durante un largo período de tiempo.

En otras palabras, la necesidad de predecir las reacciones de la gente no debería ser demasiado grande porque ya deberías haber construido la influencia que necesitas para que reaccionen de la manera que quieres que lo hagan. Sin embargo, todavía hay algunos usos para ello.

Por lo general, debes tratar de ejercer tu influencia cuando la gente está en un estado de ánimo positivo. Si alguien tiene un estado de ánimo negativo, puedes aprovecharte de él en determinadas circunstancias -especialmente si es el tipo de persona que huye de la ira o el rencor- pero, en general, la mejor posición para trabajar con las personas es cuando tienen un estado de ánimo que podría considerarse algo positivo.

Ten en cuenta que cuando le pides algo a alguien, casi siempre hace que su humor se incline un poco más hacia el lado negativo. Así es como funciona. Todo el mundo, independientemente de quiénes sean, siente que se aprovechan de ellos un poco cuando alguien les pide algo legítimamente. Por eso, muchas de las notas de este libro sobre una conversación en la que intentas ejercer influencia se reducen a tratar de superar el hecho de que se van a desanimar, de modo que puedas colocarte en una posición en la que puedas anular fácilmente sus opiniones.

En su mayor parte, deberías tener alguna idea de cómo reaccionará la gente ante algo en función de cómo actúen ante ti. Es importante, sin embargo, que te asegures de obtener las pistas. No te excedas. Es muy fácil hacer peticiones que son una mala decisión. No intentes hacer una gran demanda. En su lugar, deberías intentar hacer una serie de pequeñas demandas a lo largo del tiempo. Así es como realmente consigues hacer mucho mientras ejerces tu influencia.

Conseguir que la gente haga cosas pequeñas generalmente jugará favorablemente para ti, sin dar a entender que estás tratando activamente de manipularlos. Las posibilidades de que alguien te acompañe para completar una pequeña tarea en la que sólo ellos pueden ayudar, son mucho mayores que las de algo que tiene un impacto generalmente grande.

Capítulo 12: Qué hacer si te descubren - Recuperar el favor

Así que digamos que lo peor ha pasado. Te han pillado en una mentira o, peor aún, alguien se ha dado cuenta de que intentas manipularlos activamente. ¿Qué puedes hacer en esta situación? ¿Cómo vuelves a una posición en la que la persona puede confiar en ti?

Bueno, desde aquí, hay dos posibilidades. La primera es que el puente se quemará por completo desde su extremo. En ese caso, no hay mucho que puedas hacer para redimirlo, desafortunadamente. Incluso si todavía te hablan, en un sentido u otro estarán completamente aislados de cualquier tipo de conexión emocional contigo. La única forma posible de evitar esto es que te atrapen en un momento de verdadera vulnerabilidad en un momento posterior y luego comiencen a volver a acercarse a ti, pero incluso entonces el proceso será terriblemente lento hasta el punto de que es difícil decir realmente si valdría la pena.

Consideremos las otras posibilidades: son crédulos, o la transgresión no fue tan mala como para intentar quemar puentes contigo. En este caso, hay un procedimiento que probablemente deberías seguir. Puedes adaptarlo a cualquier situación que haya surgido, pero en general, el mejor método probablemente sea seguir un enfoque relativamente similar.

Lo primero que tienes que hacer es aceptar toda la culpa que te echarán. No se la devuelvas, esto sólo hará que les desagrades. En estos casos, sólo tienes que absorber lo que hagan.

Entonces, dale unos días antes de que vuelvas a hablar con esta persona. Dependiendo de lo cercanos que fueran y de la gravedad de la ofensa, puede que necesite más de unas semanas o unos meses. Sin embargo, es muy probable que para la mayoría de los pequeños conflictos, un poco menos de una semana sea un tiempo apropiado para esperar.

Después de tu exilio autoimpuesto, tienes que intentar hablar con ellos. Con eso, queremos decir, hablarles genuinamente. No intentes llegar a ellos a través de correo electrónico o texto, porque es probable que no te respondan. Sin embargo, un breve correo electrónico expresando tu interés es mucho más útil en lugar de hablar con ellos cara a cara.

En realidad, ambas técnicas tienen sus propias ventajas. Si hablas con ellos cara a cara y eres bueno mostrando cualquier emoción que quieras mostrar, puedes convencerlos fácilmente de que estás realmente arrepentido de lo que has hecho. Si mantienes la interacción relativamente breve y luego te alejas tímidamente, puedes hacer que parezca como si realmente te sintieras mal por lo que pasó.

Por otro lado, el correo electrónico presenta un obstáculo inicial mucho menor para que lo superen. Si bien es posible que no respondan en absoluto, esto puede ser lo que necesitas; un correo electrónico les da la oportunidad de responder cuando crean que deben responder si creen que deben hacerlo. No los pone en un aprieto como lo haría una confrontación cara a cara.

En realidad, cuál de ellas funcionaría major, dependerá de circunstancias específicas. Sin embargo, la mayoría de las veces, la primera será tu mejor opción.

Asumamos que procedes con la primera opción. ¿Qué haces después de disculparte? Lo que hay que hacer después es darle unos días más para que la disculpa se haga sentir. Si aceptan tu disculpa y parecen genuinas (¡utiliza las habilidades de lectura emocional que hemos desarrollado para contarlo!), entonces intenta organizar una sesión de bebidas con ellos y algunos amigos comunes. Esta puede ser una gran oportunidad para que los dos tengan un "momento de la verdad" en el que confiesen lo mal que se sienten por lo ocurrido. Pero asegúrate de que haya otras personas allí, para que no haya mala sangre entre ustedes dos, especialmente si son unos borrachos alborotados y pueden seguir albergando algo de ira. Aquí, sin embargo, puedes finalmente enterrar el hacha de guerra y con suerte volver a ser buenos amigos. Recomendaría después de esto que no manipules más a la persona, ya que realmente sólo tienes una oportunidad de arreglar las cosas con la gente cuando la manipulas. No caen en la trampa por segunda vez.

Si aceptaron tus disculpas pero no parecían genuinas, lo mejor que puedes hacer es esperar un poco más y luego comenzar un discurso con ellos que no esté relacionado con nada profesional o académico. Por ejemplo, no encuentres una razón para preguntarles sobre la prueba que se avecina. Sin embargo, envíales algo que te recuerde a ellos. Tal vez incluso envíales un mensaje de la nada que diga, "Hola, ¿cómo estás?" No es muy intimidante y les da la libertad de responder cuando quieran, pero también muestra que vas en serio en cuanto a reavivar la amistad que tenías con esta persona.

Si no aceptan estrictamente tus disculpas, entonces está bien. Ellos se verán a sí mismos como el idiota por no aceptar tu disculpa cuando estabas siendo genuino al respecto. (Si te ves como genuino al respecto. Pueden rechazarla si se ve que claramente estás siendo falso), o pueden dejar el puente quemado, para nunca ser arreglado. La primera es una posición mucho mejor que la segunda, así que esperemos que la segunda sea la vía elegida.

En general, no es muy difícil volver al principio desde donde estés. En realidad, es sólo cuestión de saber con quién trabajas y la situación exacta en la que te encuentras. Me gustaría decir una vez más que no deberías ponerte en situaciones en las que manipulas negativamente a alguien. Si sólo estás usando a las personas como vías de comunicación y mientras tanto las tratas como personas, entonces no deberías tener grandes problemas aparte de ser atrapado en una mentira, especialmente si estás siendo inteligente con tus tácticas.

Conclusión

Gracias por llegar hasta el final de *PNL*, esperemos que haya sido informativo y que el libro te haya proporcionado todas las herramientas que necesitas para alcanzar tus objetivos, sea cuales sean.

El siguiente paso es empezar a usar toda esta información para que puedas mover a la gente en las direcciones que quieras que vayan. Estas habilidades son valiosas, aunque a menudo no se dicen porque están en un área gris, fuera de la moral. Por lo tanto, depende de ti si haces lo correcto o lo incorrecto con ellas. Si practicas estas técnicas, hay una buena posibilidad de que acabes consiguiendo lo que quieras.

¡Gracias!

Antes de que te vayas, sólo quería darte las gracias por comprar mi libro.

Podrías haber elegido entre docenas de otros libros sobre el mismo tema, pero te arriesgaste y elegiste este.

Así que, un ENORME agradecimiento a ti por conseguir este libro y por leer hasta el final.

Ahora quería pedirte un pequeño favor. **¿Podrías tomarte unos minutos para dejar una reseña de este libro en Amazon?**

Esta retroalimentación me ayudará a seguir escribiendo el tipo de libros que te ayudarán a obtener los resultados que deseas. Así que si lo disfrutaste, ¡por favor, házmelo saber!

www.ingramcontent.com/pod-product-compliance
Lightning Source LLC
Chambersburg PA
CBHW071725020426
42333CB00017B/2392